El sol de Lorrain

Un viaje hacia el atardecer

DANIEL MUÑOZ DE JULIÁN

CUADERNOS
DE HORIZONTE

El sol de Lorrain

Un viaje hacia el atardecer

DANIEL MUÑOZ DE JULIÁN

LA LÍNEA DEL HORIZONTE
ediciones

Colección Cuadernos de Horizonte, 30

© del texto: Daniel Muñoz de Julián, 2024

© De esta edición: FESTINA LENTE EDICIONES, SLU, 2024
Todos los derechos reservados.

Primera edición: marzo, 2024

Publicado por LA LÍNEA DEL HORIZONTE EDICIONES
C/ Mesón de Paredes, 73, 28012 (Madrid, España)
www.lalineadelhorizonte.com
info@lalineadelhorizonte.com

Coordinación editorial: Miguel S. Salas
Corrección: Luis Porras Vila
Diseño de cubierta:
Víctor Montalbán | Montalbán Estudio Gráfico
Fotografía de cubierta: *Seaport with the Embarkation
of the Queen of Sheba*. Claude Lorrain, 1648.
National Gallery de Londres

ISBN: 978-84-127475-2-2
THEMA: WTL, WN | Depósito Legal: M-3960-2024

Imprime: Estugraf | Impreso en España | *Printed in Spain*

Este libro ha sido impreso en papel ecológico, cuya materia prima
proviene de una gestión forestal sostenible.

El sol de Lorrain

Para Eduardo

Siguiendo la luz del sol, salimos del viejo mundo.

CRISTÓBAL COLÓN, *Diario de abordo*

HÁGASE LA LUZ

Suavemente llegó la hora del atardecer.
H. W. LONGFELLOW, *Evangeline, a tale of Acadie*

En las afueras de Sant Antoni, en Ibiza, los conductores son advertidos por una flecha.

Posta de sol

Puesta de sol

Sunset

Sigue el viajero las indicaciones hasta una rotonda en la que la señal aparece de nuevo. Esta se repetirá, glorieta tras glorieta, apuntando siempre hacia el oeste que se hunde en el mar. Estamos en pleno Mediterráneo; algunas de las culturas que dieron forma al mundo occidental habitaron durante milenios este lugar, dejando los sedimentos de su conocimiento y comprensión de los fenómenos naturales. Por mil manos ha pasado esta isla, que ha sufrido grandes transformaciones. Y, aun así, juraríamos que el este y el oeste siguen siendo los mismos; ni la luz se ha tornado caprichosa ni los astros describen trayectorias u órbitas fuera de orden.

Obedeciendo las indicaciones, habremos llegado al Café del Mar, al Sunset Ibiza, al Kasbah Sunset Bar, negocios que funcionan por genuina energía solar. Los turistas (no veremos a nadie de la zona, que ellos tienen costumbre de quedar al *sol post*, o una vez haya tenido lugar la puesta de sol) buscan aparcamiento cerca, lo que no es fácil, porque son muchos los que han tenido la misma idea. Hay prisa; se parecería a la prisa de sus trabajos (esa de la que vienen huyendo) si no fuera porque no es causada por la entrega de un informe o por las urgencias de un cliente, sino por movimientos astronómicos colosales, infinitos, sustanciales como lo eterno. Sufren, como cierta parte de la población que puede permitirse tal cosa, de opacarofilia, o pasión por los ocasos.

El sol sigue bajando. Situémonos frente a él y tapémonos los ojos con una mano. Ahora, sin cambiar de posición, extendamos esa mano alejándola del rostro todo lo que sea posible en dirección al horizonte, formando una pantalla en la que el borde del meñique se haga coincidir con la frontera entre el mar y el cielo. Ello nos revelará que el astro está a solo un dedo de distancia de precipitarse en el agua, lo que supone que aún falta un cuarto de hora para la despedida, porque el grosor de cada dedo equivale aproximadamente a quince minutos.

Los turistas, que no viajeros, encuentran con suerte una mesa al aire libre, y los que no lo hacen piden la consumición y se arrellanan directamente sobre las rocas y la arena de la playa, como uno de tantos grupos que ya han desbordado la zona de la terraza. En este momento, lo que está ocurriendo destila una forma muy depurada de melancolía contemporánea, en la que interviene, cómo no, la tecnología de la captación y esa arrebatadora necesidad de registrar lo que se ve: todos tienen el teléfono móvil en la mano. Todos se ponen sus gafas de sol. Con ambos elementos, estos enternecedores productos humanos, representantes de todos nosotros, se preparan para lo que han ido a hacer: no ver nada, lo que se dice nada, con sus propios ojos.

Muchos años antes, en la finca Santa Cruz de la Vista Alegre, no lejos de Moguer, una criada se apresura con pasos cortos sobre el ajedrezado hasta llegar a una puerta cerrada. También a ella hoy el tiempo se le ha echado encima. Pese a la inminencia de lo que tanto le preocupa, duda antes de golpear la puerta.

Al otro lado, Juan Ramón, impecablemente vestido y acicalado, está escribiendo:

> ... con tus armas de seda, de perfume y de llanto,
> te daría cien almas que pudieras quitarme.

> La sonata se extingue... Por la abierta ventana
> entra un rosa encendido de caída de la tarde,
> y tus manos se abaten cual palomas heridas,
> y el piano parece que se tiñe de sangre.

La criada se decide y se arriesga a molestar. Da dos golpes y dice en voz alta:

—Señorito, el crepúsculo.

Juan Ramón rompe su cálida ensoñación y sale en busca de otra más real. A grandes zancadas atraviesa la casa y se apoya en el porche porticado mirando al horizonte. Como cada tarde desde hace un tiempo, las pupilas se le llenan de oro y, por un momento, no es nadie, su lírica se desarma, y sus poemas no sirven para reflejar lo que ve ni para declarar lo que siente.

A la misma hora, el 6 de mayo de 1643, en el claro elevado de un bosque próximo al templo de la Sibila Tiburtina, Claude Lorrain está ordenando la luz.

No puede deleitarse demasiado si quiere capturarla en su cuaderno. Este *camminatore che va cercando la pace al crepuscolo* ha vagado todo el día por los campos cercanos a Roma. De la mañana a la noche trota por la campiña a través de caminos humildes, cruzándose apenas con pastores y gitanos, como en los días de su infancia.

Cómo han cambiado las cosas... Cuando nació, en 1600, como el tercero de cinco hijos de una familia modesta de la Chamagne, Caravaggio estaba justamente separando la luz de las tinieblas como la yema de la clara. Cuando, como niño, vagabundeaba por las eras, mucho antes de «encender por primera vez el sol en el cielo del arte» no podía saber que algún día se haría rico haciendo precisamente eso. Ni que, aun no llegando a pisar París ni la Corte, sería el más francés de aquella generación de pintores adoradores de Italia.

Hay que amar a Claude, porque fue amable. Triunfó sin pisar a los demás, y vivió apaciblemente. El cronista Pascoli nos dice que su vida fue curiosa *non pure, ma degna di scriversi*, y para contarla fielmente debemos seguir en ella lo que nos narran Sandrart, que fue su amigo, y Baldinucci, que, sin serlo, adornó un poco los hechos, pero llegó a conocerle en su final, como anciano de dedos temblorosos.

Este hombre de aspecto severo y clerical, tímido y enemigo de todo conflicto, incapaz de pintar nada lascivo, y no especialmente culto (comenzaba a pasar apuros al contar más allá de cien), estuvo en el vórtice de la Roma barroca más exuberante y políticamente compleja, y, sin embargo, no le interesaron ni sus intrigas ni sus frivolidades. Claude Gellée, apodado el Lorenés, que una vez empezó un cuadro para un cardenal y lo terminó para un papa (pues así de rápido iba todo en esos días), encarnó la quintaesencia de todos los pintores de un paisaje que ya se había desligado de la pintura histórica, reivindicando un género propio. Por eso solo aduló al Sol, al verdadero Rey

Sol y no a ese muñeco triste de Versalles. Y a causa de esa monomanía tan concreta, situadas entre la música de las grandes arquitecturas y las ruinas que hacía brotar entre cielos cegadores, sus figuras humanas fueron siempre, como poco, mejorables. Consciente de este gran defecto, intentó asistir a academias para practicar con desnudos al natural, sin demasiado éxito y sin demasiado empeño, porque una tarde encerrado en un estudio de la ciudad era para él una tarde cuyo acto final se perdería.

Al quedar huérfano en 1612, comenzó a formarse como aprendiz de pastelero, y muy poco después partió con un hermano grabador a Friburgo. Sería allí donde se familiarizaría con el dibujo y fue allí también donde un pariente, comerciante de lazos y cordones para indumentaria femenina, se lo llevó con él en su camino a Roma.

Podemos imaginar al chico, joven asistente de decorador de escasa formación, pero de ojo infalible, al avanzar por vez primera entre las calles de la ciudad más grande que nunca había visto. Lo que olió, lo que oyó, la forma en la que captó todos los estímulos de sus barrios, y la desazón que debió de invadirle cuando en apenas unos meses su pariente tuvo que abandonar Roma a toda prisa y le dejó totalmente solo, en un pequeño albergue cerca del Panteón. Sin poder recibir ningún dinero de su hermano a causa del cierre de los caminos europeos provocados por la guerra de los Treinta Años, logró con astucia, humildad, y seguramente la intercesión de la Divina Providencia, entrar en el estudio de Agostino Tassi, alumno de Brill, el padre del paisaje. Prestando ayuda en lo que fuese necesario, casi como sirviente, empezó a conocer a las grandes familias y sus palacios.

Y ahora, tanto tiempo después, en esta tarde del primer *seicento*, las dificultades iniciales de su carrera han venido a su cabeza mientras recoge sus utensilios para volver a casa por el Ponte Molle, donde Constantino vio la cruz por vez primera. Se ha demorado mucho y ya no hay sol; no hay nada que hacer. Al volver al sendero, apenas ve la placa en la que se lee simplemente «Roma».

El poste clavado en Ibiza revela ahora también su necesidad. Como a nadie extrañará, no hay un indicador que se oriente hacia arriba y señale «nubes», ni uno que apunte al suelo con el mensaje «tierra firme». No: el cartel, que alude a algo que trasciende su propio significado, reconduce y pastorea a aquellos que están buscando el fin del día, y si está ahí es porque alguien se cansó de que le preguntasen y como prueba testifical de que la percepción que se tiene desde la municipalidad sobre aquellos viajeros interrogantes no es demasiado elevada. Lo que lleva a preguntarse, de una vez por todas, ¿qué hay en este fenómeno que puede conmover a Juan Ramón y a Claude, pero también a la clase de gente que necesita un cartel para saber por dónde se pone el sol?

EL HORIZONTE NO EXISTE

❧

El sol es la ardiente fuente que provoca las ideas
eternas en un vaso mortal.

VALLE-INCLÁN, *Rosa del sol*

En primer lugar, lo que hay es una confusión terminológica de primera magnitud.

Volando alto, podemos decir que es un instante suspendido, surgido del sueño, que sin ser noche ni día tiene un pie en ambas orillas. Una escenografía demorada y cambiante, un entorno simbólico que con su re-enunciación diaria nos hace cobrar conciencia de nuestro pasar, que favorece el desasimiento espiritual, la transfiguración que logra que nos adentremos en nuestra propia realidad. Un evento que es en realidad un cronotopo, porque es tiempo y es lugar, y quizás el único fenómeno junto con los eclipses en el que las dos dimensiones clásicas se cruzan y hacen evidentes sus relaciones de forma más palpable. Para Pessoa, un atardecer era claramente «un fenómeno intelectual»; para Ramón Gaya, más que duración, el atardecer es «fijeza definitiva, pasmada hermosura».

Pero, cuando nos aflojemos la gorguera y dejemos de ponernos estupendos, solo nos quedará la ciencia. En puridad, debería ser solo la disciplina de la astrometría la que nos ofreciese la definición del fenómeno que prevaleciese frente a las demás, y esta nos dice que se trata, sin más, del proceso en el que el sol rebasa el plano del horizonte y su altura pasa de positiva a negativa al adentrarse en el hemisferio no visible.

Sería entonces el momento de recordar que, como tal, el prodigio está regido por varios engaños, porque ni es el sol el que se mueve como un tren que se aleja mientras permanecemos en la estación, ni atardece exactamente cuando creemos, ni se produce la menor variación en su tamaño.

En relación con el primero de los embustes, y pese a que los siglos deberían hacer innecesaria la aclaración, estamos precisamente ante lo que ha causado el geocentrismo, una idea que bastaba contradecir para acabar quemado, ensartado, claveteado o con el cuello del tamaño del de un ganso. Se trata en realidad de un sumatorio de movimientos: el del sol moviéndose dentro de la Vía Láctea, y el de la Tierra en su rotación diaria, pero también en su giro anual alrededor del sol, en una verdadera «Danza para la música del tiempo» a la que hay que sumar los movimientos lunares. Por tanto, son las diferentes velocidades y posiciones de todos estos actores, y particularmente la rotación obligatoria de las insignificantes figurillas sobre la Tierra que hacen fotos en una terraza de Santorini, lo que les genera a estas mismas figurillas la sensación de que es el sol el que cae con parsimonia (y de forma meridianamente vertical) delante de ellos.

El segundo de los infundios tiene también una engorrosa explicación. Decíamos que atardece justo en el momento en el que lo que se conoce como «limbo» del sol (en este caso el limbo superior) roza tangencialmente la línea del horizonte. Y aquí empieza el problema, porque el horizonte, si bien se piensa, no existe.

De entre las paradojas del movimiento de Zenón, que son reflexiones sobre la idea del instante, la que sugiere que Aquiles jamás podrá adelantar a una tortuga que huye de él se basa en que, para hacerlo, Aquiles debe llegar primero al lugar que la tortuga ocupa. Estando esta siempre en movimiento, por lento que este sea, es imposible que Aquiles la atrape cuando llegue al punto en el que ella estaba, porque la tortuga ya se habrá movido y habrá abandonado ese punto del espacio para situarse en otro. Cercano, pero otro. Y así se repetirá y repetirá hasta que Aquiles necesite descansar. Naturalmente, este razonamiento esconde una falacia, pero la analogía con el horizonte es clara: nunca podemos llegar a él. Avanzaremos y seguirá a la misma distancia con respecto a nosotros como en un pasillo de pesadilla. Y en su expresión visual tampoco deberemos pensar en él como en una línea de agresiva horizontalidad, pese a que el sustantivo se haya preñado de ese significado que connota tanto rectitud como total perpendicularidad hacia un cénit imaginario.

En Egipto, el horizonte se entendía como el punto tortuoso y concreto en el que el sol venía a esconderse entre dos elevaciones, y por eso su símbolo (el *Ajet*) era el de una gran canica que reposa en un valle redondeado para ella, en el que el círculo encaja a la perfección. Una forma sospechosamente análoga al símbolo minoico de los «cuernos de consagración», que ayudan a estandarizar los lugares en los que se manifiestan los equinoccios.

Nuevamente, hablamos de un concepto en el que siempre confluyen tiempo y lugar, y que evoca melancolía, frustración y una antigua turbación humana ante lo infranqueable. El pintor Jan Frans van Bloemen, perteneciente a una generación posterior a la de Lorrain, y también romano de adopción, se obsesionó con la idea hasta convertirla en su marca distintiva y en su sobrenombre: *Orizzonte*. Pese a haber contado con el favor de Isabel de Farnesio, no pudo evitar caer en la rutina creativa a causa de esa fijación, y hoy los tratados lo despachan con triste displicencia: «Su obra carece de la fuerza creadora necesaria para renovar el género del paisaje, semejando arcaizante para sus tiempos». Ahí van a parar las obsesiones.

Volviendo a nuestro asunto, existe la convención de que el fin del día ha llegado en el concreto momento en que nuestro ojo se ha despedido de ese pequeño y menguante gajo de mandarina, que pasó de ser un semicírculo a un simple y juguetón punto. Ahí ha empezado la noche, y el terminador, que es esa línea que separa de forma poco gradual la zona en sombra de la zona iluminada en cualquier imagen de la Tierra obtenida desde el espacio, cumple ya su trabajo negando el carácter de día a toda una mitad del cuerpo celeste.

Y, sin embargo, no es así: aún no hemos dejado de ver el sol cuando, en términos científicos, ya se ha puesto; y otro tanto ocurre al amanecer: ya podemos observarlo, pero la verdad es que sigue estando por debajo de la línea, concretamente a 34' bajo el horizonte aún. Es la refracción de la luz la que en ese momento nos está permitiendo apreciarlo, y por esto precisamente, y por el hecho de que midamos la puesta y la salida del sol conforme al modo en que sus extremos superior e inferior tocan tangencialmente esa línea imaginaria (en lugar de tomar como referencia el centro de la esfera), es por lo que, salvo en los equinoccios (cuando ambos se igualan al moverse sobre el ecuador) el día dura un poco más que la noche. Son casi diez minutos más de actuación los que esa prima donna nos regala cada tarde.

La refracción, por otra parte, es también la culpable de que nos engañemos con su tamaño: nos arriesgaríamos a suponer que, en el contacto con la línea, el sol se achata, se derrite y se expande, cuando lo que ocurre es que esa zona inferior sufre mayor refracción, que siempre crece en función de lo bajo que esté el ángulo de elevación. Además, en esa distorsión de la luz, y por tanto de las formas, intervienen también los compuestos de la atmósfera de cada astro, o la ausencia de ellos, junto con la natural distancia al sol.

Por eso, los atardeceres en otros planetas a veces desbancan en belleza a los nuestros, o a veces son simplemente extraños. En el caso de Marte, mucho más lejano del sol, este es una minúscula bolita que se despide entre tonos de intenso azul y dura aún dos horas tras su puesta, debido a la atmósfera marciana carente de nitrógeno y oxígeno y al polvo que todo lo envuelve. Fuera de los astros reales (aunque quizás esto sea mucho decir), recordemos la puesta de sol binaria que asiste a la duda de Luke Skywalker en Tatooine: en ese caso uno de los soles es rojo sangriento y otro rosáceo, y uno de los dos se pondrá sobre él condicionando la clase de hombre que Luke será, en una metáfora nada sutil en la que parece que él tuviera capacidad de escoger entre ambos. Al final de su vida, después de una elección que a la postre no le ha conducido sino al fracaso, aparecerán de nuevo, burlones, los dos soles.

Ocaso y atardecer tampoco son exactamente lo mismo que el crepúsculo. No tanto porque hagan alusión a momentos distintos del fenómeno como por el desconcertante hecho de que también existe un crepúsculo matutino. Este se ha representado por un joven que vuela bajo la admonición de una estrella o una simple antorcha derramando el rocío; el vespertino, en cambio, despliega unas alas negras con las que paradójicamente huye de la oscuridad.

El crepúsculo en sí será la franja temporal en la que el sol ya está bajo el horizonte pero aún ilumina el cielo. Es decir, es el tiempo mágico que sucede al ocaso y, en el caso del matutino, el que precede al amanecer. Y lo hace, tanto en un caso como en otro (aunque nos centraremos en su sesión de tarde), mediante tres fases sucesivas. Las tres primeras etapas del viaje al fin de la noche.

La primera de ellas es la que se conoce como *crepúsculo civil*. Este tramo comienza desde el mismo momento en que ya no vemos el sol hasta que se encuentra a 6 grados bajo el horizonte. En este punto, algunas estrellas comienzan a hacerse visibles. Es la fase en la que las farolas no saben qué hacer pero empiezan a ponerse nerviosas, y en la que colores de hechizo envuelven el cielo.

Le sucede el *crepúsculo náutico*, que en el inconsciente colectivo se asocia con el crepúsculo. En él, un sol que ya se encuentra en su irrefrenable descenso entre los 6 y los 12 grados parece perder poco a poco las fuerzas. Las constelaciones le ganan la batalla y ya se vuelven visibles; es el momento esperado ansiosamente por miles y miles de galeones, carabelas y bajeles a lo largo de todo el planeta para sacar el sextante y saber dónde demonios se encuentran (de ahí su sobrenombre, *náutico*). Incluso los objetos que tenemos cerca difuminan en este punto sus contornos, la línea del horizonte va dejando de ser visible, y cielo y mar se amalgaman en la vista del espectador. En las ciudades, casas, fábricas, pesqueros, monasterios, torres de control y faros, se impone la realidad y se encienden las luces artificiales.

Tercer acto: *crepúsculo astronómico*, en el que la noche definitivamente toma posesión de sus dominios con dedos negros que manosean los lomos del mundo. El sol, vencido, se encuentra ahora entre los 12 y los 18 grados, y los astrónomos de campo realizan ejercicios de estiramiento y vierten el café en sus termos.

¿Cuánto ha durado esto? Naturalmente, la respuesta depende del lugar en que se encuentre el que lo mide o percibe, y, en la medida en que amanecer y ocaso son momentos claves en numerosas religiones para la observación de sus ritos, dependerá asimismo de lo que indiquen los pastores de cada comunidad.

Así, por ejemplo, dentro del pueblo judío la cuestión es largamente discutida y existen divergencias entre sus rabinos. El *Ben ha-shemasot* o «entre dos soles» (que es como denominan el tiempo que transcurre entre la despedida del sol y la salida de la luna) es para la autoridad judía un dilema, por no saber si atribuir este tiempo al día o a la noche. Adoptando como referencia de estos cálculos la ciudad de Jerusalén (y más concretamente la parte alta del monte de los Olivos), se discute si el crepúsculo dura nueve, doce o trece minutos y medio. Más consenso doctrinal genera la idea de que amanecer y atardecer duran, respectivamente, la doceava parte del día y la doceava parte de la noche, algo que tiene cierta correspondencia con lo que sucede de hecho en latitudes próximas al Ecuador.

La cuestión no es baladí, porque aparte de otras liturgias menores, como el encendido de velas del Sabbath en la noche del viernes (que solo se entiende comenzada cuando el sol toca la parte alta de los árboles), determinadas oraciones deben elevarse de forma precisa justo antes del atardecer y justo antes del amanecer. Se trata de salmodias perfectamente tasadas en su extensión que deben terminar en el mismo momento en el que comienza el proceso. Ocurre algo similar con el *Brahmamuhurta*, penúltima fase de la noche (penúltima *muhurta* o período de 48 minutos de los que se compone la noche yóguica), considerada el período que empieza una hora y 36 minutos antes del amanecer y termina 48 minutos antes del amanecer, el mejor trance para la meditación antes del saludo al sol. Comprobamos, pues, que se trata de momentos en los que se produce una llamada al recogimiento espiritual.

Desde luego, tampoco ayuda a esclarecer todo lo anterior la existencia de los falsos amaneceres que genera la luz zodiacal y que ya identificó Mahoma para el establecimiento de las cinco horas diarias de oración. Ese tenue resplandor de luz solar, provocado por su reflejo en las partículas de polvo derivado de colisiones de asteroides y colas de cometa, no le era desconocido a culturas precolombinas (tanto más cuando el exceso lumínico de nuestras ciudades puede anularlo por completo, tal es su debilidad) y es también responsable de que en determinadas noches despejadas, más allá de la ayuda de la luna, pueda verse con cierta y agradecida claridad.

Y, por último, si todo esto es el atardecer, ¿qué es el anochecer? O, mejor dicho, ¿qué nos dice la ciencia que es la noche? La respuesta es decepcionante y dinamita siglos de poesía: el anochecer es lo que llega al final del crepúsculo astronómico, y la noche, lo que ocurre cuando el sol rebasa los 18 grados. Hubiera sido mejor no saberlo.

Pese a haber logrado mantenerse en una cierta precariedad, ya Claude va conociéndose mejor y va teniendo claro que quiere ser pintor. Y, aunque Roma es la urbe excitante que debería bastarle a un joven que se abre camino, hay un imán igualmente poderoso y palpitante al sur: Nápoles. Nápoles, fragor y vibración, pero sobre todo mar y luz. En un principio solo desea ver los cuadros del hoy desconocido Goffredo Wals, pintor de Colonia, pero allí se quedará dos años muy bien considerado por el maestro. Claude aprende arquitectura, se llena de sol y, sobre todo, baja cada tarde al puerto (siempre tendrá una inclinación por muelles y embarcaderos). Presidiendo su vida, como la de todo napolitano, y asomando en sus primeros cuadros, está el Vesubio.

Los volcanes tienen también un papel en el mundo del atardecer. Así, cuando la troposfera niega el paso a la ceniza y genera una bolsa de aire, los colores que asociamos con él se atenúan, mientras que las grandes explosiones que superan la estratosfera dispersan ácido sulfúrico en cantidades tales como para producir grandes resplandores. Es el caso de los atardeceres que durante semanas pudieron verse en Hawái en 1883, unos eventos que se repetirían por gran parte del planeta ese mismo año. El sol estaba rebotando contra la niebla de gotas de ácido sulfúrico generadas por el dióxido emanado de la erupción del Krakatoa, en Indonesia, y esa neblina había recorrido la distancia hasta Honolulu en solo diez días, impulsada por corrientes de chorro atmosféricas producidas a elevadísima altitud, que en este caso circularon a lo largo del Ecuador. En 1815, el volcán Tambora, también en Indonesia, había provocado, como sabemos, el que se conoció como «año sin verano», que acabaría alumbrando la gestación de *Frankenstein o El moderno Prometeo*, pero también unos ocasos que hicieron comprender a J. M. W. Turner, el pintor de lo sublime meteorológico, que estaba ante algo excepcional. Al otro lado del mundo, Turner elaboró durante el lapso de unos pocos años una serie de cuadros con luz cinérea en los que el hombre no era más que un accidente en los dominios de la naturaleza, un pequeño guiñapo azotado por los vientos y torbellinos de colores, y, justo porque en su quehacer diario tuvo oportunidad de reflexionar largamente sobre la teoría del color, no dudó en calificar de absurda la teoría de los colores de Goethe cuando esta cayó en sus manos.

Cuando Goethe ya era considerado el príncipe de las letras alemanas y europeas, cometió una de los mayores equivocaciones de su vida, cegado por el deseo de trascender y lograr la gloria también en la disciplina científica. No pudo hacerlo peor. En 1810 publicó su teoría del cromatismo, un campo sin duda poco ortodoxo en el que el reconocimiento solo podía lograrse desmontando la teoría de Newton, que durante siglos había constituido la última palabra. La teoría de Newton había pivotado sobre la premisa de que la suma de los colores era el blanco. Goethe, en cambio, decidió apostarlo todo al gris, porque eso era lo que le revelaba la mezcla de su caja de acuarelas. El error garrafal en el que incurrió consistió en olvidar que, al hacerlo así, cada color que sumaba restaba luz a los anteriores, mientras que Newton no llevó a cabo su experimento sobre una paleta, sino mediante la adición de los colores presentes en la luz en sí. En este caso, el añadido de un nuevo color daba como resultado el blanco, ya que con cada color que se agregaba se sumaba también la propia luz de este.

Repudiado por la comunidad científica, y desdeñado por el joven Schopenhauer a quien dio a conocer su teoría, Goethe acabó convencido de que, textualmente, había sido «el único entre millones que tiene razón», y su única esperanza fue que las generaciones científicas de la posteridad pudieran comprender y verificar su teoría. Esas generaciones de la posteridad, sin embargo, miran aún su teoría con una mezcla entre condescendencia y pena.

En su estancia en Jena y Weimar, Goethe tuvo sensación (le pasaría de forma sucesiva con Schiller, August Wilhelm von Schlegel o Schelling) de encontrar un alma gemela, o al menos un hermano en el interés científico y enciclopédico que le movía, en la persona de Alexander von Humboldt, que multiplicaría todos los intereses naturales del gran hombre por la astronomía, la botánica o la mineralogía. Por eso debió de resultarle especialmente reconfortante recibir noticias de este desde sus viajes por América del Sur. Allí le podía hablar de mediciones experimentales en el campo del cromatismo desde territorios que Goethe jamás pisaría.

Y es que Von Humboldt había llevado consigo el cianómetro. Inventado por el suizo Horace-Benedict de Saussure, no era sino una paleta de gradaciones para medir el poder del azul del cielo. Y si, a su inventor, el ingenio le había revelado un azul de escala 39 en la cima del Mont

Blanc, al ilustre explorador alemán, en la cima del Chimborazo ecuatoriano la tabla le mostró como resultado el mayor azul percibido nunca: ni más ni menos que un azul de grado 46.

Hoy sabemos que la paleta del cielo nos muestra al atardecer todos los colores del espectro visible: violeta, índigo, azul, verde, amarillo, naranja y rojo, como cualquier testimonio del ocaso nos puede recordar. Veamos, por ejemplo, este fragmento de Cernuda:

> En los largos atardeceres del verano, subíamos a la azotea (...). El sol poniente encendía apenas con toques de oro y carmín los bordes de unas frágiles nubes blancas que descansaban sobre el horizonte de los tejados. Caprichoso, con formas irregulares, se perfilaba el panorama de arcos, galerías y terrazas: blanco laberinto manchado aquí o allá de colores puros, y donde a veces una cuerda de ropa tendida flotaba henchida por el aire con una insinuación marina. Poco a poco la copa del cielo se iba llenando de un azul oscuro por el que nadaban, tal copos de nieve, las estrellas. De codos en la barandilla, era grato sentir la caricia de la brisa. Y el perfume de la dama de noche, que comenzaba a despertar su denso aroma nocturno, llegaba turbador, como el deseo que emana de un cuerpo joven, próximo en la tiniebla estival.

Este carrusel de colores ha sido estudiado por la llamada dispersión de Rayleigh. En los momentos de salida y puesta de sol, cuando la luz tiene que hacer un mayor esfuerzo para llegar a nuestros ojos, sus rayos viajan hasta nosotros y, al atravesar la atmósfera, no todos los colores salen vencedores, pues no todos tienen la misma longitud de onda. Así, el azul y verde enseguida se apartan del camino y sus partículas abandonan el haz de luz al presentar longitudes de onda más cortas, lo que no implica, como veremos, que estos colores que se despistan en un primer momento no acaben teniendo algo que decir después. Pero sí es cierto que en una primera fase ceden su papel a colores de onda larga como el naranja o el rojo. Todo ello, sumado al hecho de que con la caída de la tarde el aire se puebla de partículas, hace que el atardecer sea más brillante que el amanecer al contar este con muchas más fuentes de refracción, y hace también que, como indicaba Tiziano, el atardecer sea «la hora de la pintura».

Tiziano y otros líricos sobre lienzo contemporáneos a él pintaron no obstante en un período inusualmente frío y lluvioso, tal como reveló el estudio *Climate in art* de Hans Neuberger, que se tomó la molestia de estudiar doce mil pinturas europeas que pudiesen reflejar lo que vieron —y sobre todo tiritaron— los hombres y mujeres a los que les tocó sufrir la Pequeña Edad del Hielo. Este estudio muestra una extraordinaria cantidad de panoramas nubosos en el período que fue de 1500 a 1750, especialmente en Países Bajos, Alemania, Francia y Reino Unido, mientras que la Italia en la que pintó Lorrain acusó mucho menos esta etapa de cielos plomizos.

¿Podemos declarar que se impone algún color frente a otro? Aunque lo cierto es que los colores se suceden mientras dura el baile del sol, afirmaríamos que, por encima de todo, el atardecer es rojo, y no es casual que la palabra *atardecer* en alemán sea *Abendrot* (literalmente, «noche roja»).

El rojo es algo así como el color de los colores, el presupuesto cromático-ontológico del que parten todos los demás. Desde las cavernas a las figuras de los vasos griegos, de los jeroglíficos a los cortinajes de Rubens, llevamos toda la vida junto a él, y sus efectos psicológicos y místicos derivados del hecho de ser el color de la sangre han sido largamente estudiados. Al igual que el fuego, protege de todo mal, pero al mismo tiempo lo encarna. Un antiguo conjuro egipcio advierte: «Líbrame de las cosas malas, perversas o rojas», y de hecho no son pocas las culturas que creían que los rojos del atardecer eran resplandores del infierno, subsistiendo entre la marinería actual el refrán «Red sky at morning, sailors take warning». En su faceta de comunicación con lo ultraterreno, es también el color que centraliza todas las leyendas sobre el atardecer, no importa la cultura en la que hayan sido recogidas.

Así, por ejemplo, se cuenta en Paraguay que los atardeceres no eran rojos hasta que la joven Picazú se enamoró del guerrero Igtá. Tras la boda, una gran lluvia hizo creer a los pobladores que con ella se había enfadado al dios Tupá. La pareja fue perseguida y asaeteada hasta que se adentraron al río y quedaron aislados en un pedazo de tierra. Ya se acercaba la muerte para ellos en forma de masa enfurecida cuando el Dios resolvió teñir el río y el cielo de rojo para mostrar al poblado que aprobaba el idilio entre ambos, decidiendo en lo sucesivo mantener ese color protector de su amor el resto de los días. Algo similar ocurre en la leyenda china del atardecer, en la que, en la hora mágica del crepúsculo, dos amantes llamados Noche y Día se rozan pero no se tocan, rezumando una rabia y desesperación que llenan el cielo de rojo. En Rusia nos narran la leyenda de Grischa y Natalyia, de nuevo dos enamorados. Un día Natalyia tuvo que marcharse lejos. Tiempo después, a orillas del mar Negro, roto de dolor, Grischa se sumergió hasta desaparecer mientras el sol se ponía. El agua no pudo apagar el fuego de su ardor y, desde entonces, los ocasos tienen el color de la pasión que le acabó consumiendo.

En general, estas leyendas son siempre de carácter muy primordial y simbólico, y señalan una curiosa tendencia a la asociación entre los amantes y los momentos de luz saliente o poniente, al igual que ocurre en la trilogía cinematográfica de Richard Linklater (*Antes del amanecer*, *Antes del atardecer* y *Antes del anochecer*), en la que el sol es el hastiado testigo de las ininterrumpidas conversaciones de sus personajes.

Los mayas, al menos, no atribuyeron los colores del asunto a dos lánguidos suspirantes, sino que en su narración se ayudaron de jaguares, cercanos a la idea que centenares de años después recuperaría Borges al comparar los rosas del atardecer con los de las encías del leopardo, poniendo siempre presentes a los colores en el tiempo soñoliento de su ceguera:

> El azul y el bermejo son ahora una niebla
> y dos voces inútiles. El espejo que miro
> es una cosa gris. En el jardín aspiro,
>
> amigos, una lóbrega rosa de la tiniebla.
> Ahora solo perduran las formas amarillas
> y solo puedo ver para ver pesadillas.

Para los mayas, los jaguares del amanecer eran tranquilos seres que poblaban el mundo con el encargo de ayudar al padre sol a salir cada día, turnándose en la jornada con los jaguares del anochecer, rudos y poco amistosos, a quienes se confiaba la oscuridad. Cada día los dos grupos de jaguares combatían: unos querían que ganase la oscuridad; los otros, la luz. Una lucha a muerte lo decidió todo: tras aquella batalla los jaguares del amanecer prevalecieron, y en su generosidad permitieron a los nocturnos que la noche siguiese existiendo siempre con la misma extensión. Decidieron también que cada noche el cielo se tintase de rojo para recordarles la contienda y quiénes habían salido vencedores de ella.

> Una tarde me adentré por un camino. A un lado quedaba la ciudad y a mis pies, el fiordo. Estaba cansado y enfermo. Me quedé parado mirando el fiordo. El sol se puso. Las nubes se tiñeron de rojo, como la sangre. Sentí que un grito atravesaba la naturaleza... Me pareció oír un grito. Pinté esta imagen. Pinté las nubes como sangre real. Los colores gritaban. Así surgió el cuadro de *El Grito* en *El friso de la vida*. (Edvard Munch)

En pocos lienzos como en *El grito* (1893) apreciamos mejor la transición entre rojo y naranja en la plena evolución del ocaso, lo cual ocurre en mayor medida sobre el mar (nos lo recuerda el logotipo de una conocida petrolera), y que se debe al efecto de las partículas de luz sobre el agua. De hecho, debemos tener en cuenta que el naranja es el color que más contrasta sobre el azul del océano, y por tanto el de todos los instrumentos de salvamento marítimo.

Por otra parte, siguiendo el arcoíris, la dispersión de los rayos solares genera también una banda rosácea conocida como Cinturón de Venus o arco anticrepuscular que viene a situarse encima de la sombra que proyecta la propia Tierra. Además del rosa y el salmón, no debemos ignorar el dorado, porque es innegable que un fino polvo de oro se deposita como en un halo de Fra Angelico en todos los edificios y árboles. Por eso es la hora más querida por la fotografía, en la que hay menos oscuridad en las sombras, y el sol bajo, por un momento, dota de más intensidad al resto de colores.

Rojo, naranja, rosa, dorado… y también el violeta aparecerán en los últimos y agotadores actos del evento. De hecho, Einstein dijo que «vemos la luz del atardecer naranja y violeta porque está cansada de luchar contra el espacio y el tiempo» (de nuevo, la idea del cronotopo), y también Kerouac recuerda en *El camino*: «pronto llegó el oscuro atardecer, un atardecer púrpura sobre los campos de mandarinas y melones. El sol del color de las uvas prensadas». Y es que, efectivamente, las evocaciones purpúreas aparecen pasados unos quince minutos de la despedida de nuestro querido disco solar, y son el resultado del apareamiento entre los rojos emanados del sol y los azules, que habían despistado su camino antes de que todo empezase, y que vuelven ahora como hijos pródigos.

Todas estas gamas de color se dan cita en la paleta de Turner, que pese a sus invectivas contra Goethe sí compartía la elevada opinión de este sobre Claude. Especialmente para operar como contrapeso a las inmisericordes afirmaciones de John Ruskin, supremo mojigato, forjador de criterios estéticos victorianos, empeñado en contraponer a ambos. Para Ruskin, nada de la brillantez de Turner, cuyas pinturas tenían la capacidad de acelerar su corazón (corazón de piedra veneciana), podía apreciarse en la «insípida pincelada» de Lorrain. Con su acercamiento epidérmico a Claude, generaba el prejuicio de que la producción de este era anodina y carente de variedad, cuando de hecho una de sus mayores virtudes fue la elección de formatos y encuadres enormemente diversificados en función del tema a tratar, sin que nunca se pierda en una mirada a todas sus obras esa sensación de deliciosa continuidad que tiene todo mundo propio en algunos creadores. Pero Ruskin iba incluso un paso más allá:

> Claude y los Poussins eran hombres sin energía, que no ejercieron una influencia real sobre el espíritu humano. ¿Qué importa que sus obras se cotizasen mucho? Podemos, sin indignarnos, concederles la triste misión de decorar las paredes de los salones y de servir de tema a conversaciones triviales. Y, por si fuera poco: ¿cómo podía ser tan mediocre su capacidad? Por exquisita que haya podido ser la atracción instintiva de Claude por el error, ni siquiera tuvo la suficiente fuerza de carácter para cometer al menos errores originales.

Quizás conforme a todo lo anterior podemos sospechar que no era un pintor de su agrado, y que, a sus ojos, la perniciosa influencia que había ejercido emponzoñaba el devenir de la pintura tras él y provocaba que las pinturas de su protegido se valorasen más o menos en función de lo que se acercasen a las imágenes de Lorrain.

En cualquier caso, Turner supo no condescender al halago y defender los atardeceres de Claude allí donde tuvo oportunidad. Para él, las obras de Lorrain, al que había que comprender como hombre de su tiempo, eran puras como el aire italiano, y en sus árboles podía apreciarse el calor del verano. Como tan a menudo ocurre, se cuenta que, al ver por vez primera una obra de Claude, lloró desconsolado porque nunca sería capaz de pintar algo parecido, pero cuesta creer esta explosión sentimental cuando de hecho solicitó que su obra *Dido construye Cartago*, inspirada claramente en el objeto de su admiración, fuera colgada en la National Gallery junto al *Puerto con el embarque de la Reina de Saba* del Lorenés. Uno no reclama sitio propio junto a un dios si no percibe algo de divino en sí mismo.

También Constable admiró sin tasa a Claude, en cuya obra consideraba que todo era hermoso, benévolo. Aunque con el tiempo se podría ver que en materia de nubes nadie, ni siquiera Lorrain, podría igualársele, le reverenció desde el primer encuentro con sus obras, a los 24 años, hasta el año de su muerte, en el que declaró que este había sido el paisajista más ilustre que nunca hubiera visto y el único capaz de plasmar «la tranquila luz del sol del corazón». En él, «el evanescente carácter de la luz está tan bien expresado...» que solo copiándolo ya era feliz, ya que sus reproducciones eran manjares que podía degustar una y otra vez. En sus cartas encontramos fragmentos como estos:

Comencé la pequeña arboleda de Claude, una escena de mediodía, que «calienta y anima, pero que no inflama ni irrita»... Difunde una vida y una frescura fresca en el hueco de los árboles que lo hacen encantador.

Tengo un pequeño Claude en la mano, una escena de arboleda de gran belleza y deseo hacer una buena copia de ella para que me sea útil mientras viva. Contiene casi todo lo que deseo hacer en paisaje.

Mi pequeña copia de Claude recién está hecha esta mañana y es hermosa y está tan mojada que apenas pude traerla conmigo.

Precisamente, una de las mayores estupideces de Ruskin acerca de Claude fue la acusación de que este tenía un pobre entendimiento de la naturaleza, en la que no depositaba sentimientos. Claude, por el contrario, dejó su alma entre las arboledas del Lazio. Años y años levantándose temprano, cargándose de bártulos, en un principio no para pintar grandes cuadros del natural, sino para preparar las mezclas de color en pleno bosque, mediante la observación directa. Esbozos a lápiz, a pluma y todo tipo de apuntes también llenaban su morral. En los primeros días, la naturaleza le resultaba demasiado intimidante, y no podía permanecer largo tiempo en un mismo lugar porque todo el paisaje le devoraba. Y, aunque una vez en Tívoli se asombró al ver al pintor Sandrart componer allí sus cuadros completos, sabía que esa forma no estaba hecha para él. Él necesitaba volver a casa para corregir a la naturaleza como un padre afectuoso, ensartar centenares de hojas en árboles secos, y encajar, en suma, cuanto había visto, en una escenografía de apariencia simple y, sin embargo, tan prolija, porque en sus cuadros los lugares son historias. Claude, que podía cruzarse al salir de casa con Bernini y Borromini (qué ciudad, Dios mío), componía los planos sucesivos como los elementos y decorados corredizos del teatro barroco, incluyendo ruinas renacidas, contraviniendo la idea de que *solo lo fugitivo permanece y dura.*

Tras una base blanca, Claude se ayudaba de grandes reglas de madera para marcar las franjas horizontales. Tercios y cuartos que intersecarían con esos planos extendidos hasta el infinito, coincidentes en ocasiones con los estratos del ocaso de los que hemos hablado. En ese momento clave, Claude elegía un tema, que situaría en primer plano, y, después, en otra decisión crucial, una distancia: el punto de fuga, mágicamente ubicado en el horizonte, un horizonte que esta vez sí se dejaba ver y apreciar solo para él, acostumbrado a situarlo en un punto bajo. Y, solo entonces, empezaría a operar desde el fondo, a centenares de kilómetros, hasta el espectador, veladura tras veladura.

La luz del disco solar, por tanto, una luz caliente, cegadora, meridional y brumosa se dirige en sus obras hacia nuestra pupila y baña todo de una atmósfera blanca y dorada, en cuadros en los que siempre es de día (unas *Tentaciones de San Antonio Abad* que le abocaron a pintar la pura noche, le depararon los mismos padecimientos que al santo). Las tonalidades, gamas de una gradación tan sutil que es casi inapreciable, contribuyen en sus cuadros a la generación de un ambiente no de fantasmagoría como ocurre en los pintores del norte, sino de delicioso bienestar. Colores aplicados con tal maestría en la pincelada como para lograr que las hojas tiemblen; colores que, a lo largo de su carrera, fueron cada vez más lujosos, como el azul ultramar, de carísima composición, que no cualquiera podía permitirse.

Geometría..., luces, y tonalidad, o luces, cámara, acción, daban la bienvenida a los protagonistas de la trama, pues su mundo pictórico nunca está deshabitado. Nunca se trata de figuras simbólicas sin cara, envueltas en un aura metafísica como las que se enfrentan solas a los crepúsculos de Friedrich en Pomerania, ni amenazadas por un horizonte que es una pura idea, aterradoramente inmanejable, sino que antes bien son figuras de belén napolitano, habitantes de un tiempo perdido.

Porque, con todos los elementos de su forma de pintar, Claude, como artesano de atardeceres y al servicio del propósito de estos, no consigue más que recordarnos el mero hecho del tiempo arrasador, y el recuerdo rezumante de nostalgia de lo que nunca conoció, de un mundo mítico grecolatino sin horror ni sobresaltos, que en realidad solo se desarrolló en los libros, y que intentaría despertar la Academia de la Arcadia romana.

El tiempo de una naturaleza panteísta, ovidiana, un mundo de égloga poblado por Argos, Artemisa y Dioniso, en el que el universo y el hombre parecen empastar justo a la hora del ocaso. Porque de los cuadros de Claude también puede decirse que además del tiempo mítico nos dan el tiempo minúsculo, el del instante preciso, y podemos separar en su producción los matutinos de los vespertinos, y así la orientación de la luz y el espectro de colores elegidos nos permite informarnos de la hora en sus cuadros con precisión de reloj suizo.

Su insistencia en comprender las correspondencias entre el tiempo concreto y las diferentes luces y colores que proyectaba en la naturaleza, además de su denodada y diaria lucha contra ella (esa rápida partida de caza en la que capturaba con velocidad los colores de ese día para estudiarlos mejor en casa), nos permiten comprender mejor la admiración que también le profesaron los impresionistas, que, a través de Corot, le consideraron uno de los suyos, pero equivocado de siglo.

En las diarias caminatas de Claude, no cuesta establecer paralelismos con otro Claude, Monet, asomándose cada día a diferentes horas a la ventana de su casa, en la plaza de la catedral de Ruan, enamorado del millar de luces variantes con las horas, intentando coger a la mole de piedra en un descuido. Un interés por los efectos de la caída de la tarde y el contraluz de las luces rojas, naranjas y violetas en los objetos que llevaría al paroxismo en la serie de sus almiares. Entre el verano de 1890 y la primavera de 1891, una vez instalado en Giverny, y considerando que todos los motivos que necesitaba para pintar se encontraban a menos de dos kilómetros de su casa con su jardín como epicentro, Monet descubrió dos pajares en la finca de su vecino el Sr. Quéruel. Desde ese momento, decidió registrar todas las infinitas mutaciones lumínicas caídas sobre ellos al tiempo que avanzaban las estaciones. Llegó a desarrollar veinticinco lienzos, de los cuales merece la pena detenerse en el que cuelga de las paredes del Museo Barberini de Potsdam, perteneciente a la colección Hasso Plattner, vendido por una cifra en Sotheby's aún más astronómica que los movimientos celestes. No debemos imaginar en su caso una forma ordenada de trabajar, llevando un lienzo para cada día y tratando de volver al día siguiente exactamente a la misma hora; hablamos de un pintor, hablamos de un artista. Las horas y las rutinas no se crearon para ellos, que trabajan, por fortuna, de forma torrencial y destartalada. Monet pronto se encontró con varios cuadros sobre el mismo tema a medio empezar o a medio terminar, y acabó teniendo que llevárselos todos para continuar cada día aquel al que la luz presente le hacía más justicia, mientras la tarde caía y caía cambiando los términos de su decisión cada pocos minutos. En cualquier caso, como decíamos, estos almiares de 1890 tienen la particularidad de aunar en sí mismos todos los colores del atardecer pero también el propio atardecer en sí, como si el avance de esos últimos minutos antes de la noche, en todas las fases a las que hemos aludido, hubiera impregnado las briznas de paja dejando a su paso un rastro de cada tonalidad de su existencia. *Ut pittura, poesis.*

Para Monet, para cualquier pintor, el paisaje en realidad no existe como tal, sino que es tan inalcanzable como el horizonte, y eso, pintar lo inalcanzable (el mejor ejemplo de lo cual es el crepúsculo), puede acabar constituyendo el sentido de una vida.

VIAJEROS DEL SOL

❦

El sol *clava* en la tierra los postes del viaje, y se convierte en un elemento más de este. Los viajeros, incluso aquellos que se movieron sin dejarse seducir por la gran estrella, se movieron siempre conforme a una unidad de medida básica: la jornada, un acotado del tiempo delimitado en sus extremos por la luz. La luz era la condición de posibilidad de avanzar, y su ausencia o surgimiento determinó siempre los tiempos en los que, a caballo, a pie, o especialmente en el mar, se progresaba sobre el mapa.

No obstante, siempre ateniéndonos a los testimonios que dejaron, sorprende la indiferencia estética con la que el fenómeno del sol poniente permea a los viajeros anteriores al Romanticismo, incluso a aquellos que transitaron regiones en las que hoy se promueven excursiones al atardecer bautizadas con su nombre.

Naturalmente, el sol, ese sol que según Anaxágoras era «más grande que el Peloponeso» y, probablemente, una masa de hierro candente, que reflejaba su luz en la luna, ya fue digno de mención en los viajes de Herodoto. Según había podido constatar, desde su concepción plana de la Tierra, el lugar del mundo que se recogía más lejos de la puesta de sol era la India, por lo que, a medida que la tarde caía en esa región, el día se volvía allí cada vez más fresco, hasta que al atardecer hacía un frío extremo. Notemos que otro de los puntales de su razonamiento espacial lo constituían las columnas de Hércules, que no eran sino la balaustrada más privilegiada desde la que ver al sol agachando la cabeza entre los hombros.

Viajeros y peregrinos de la Alta Edad Media como Egeria continuaron con esa sorprendente indiferencia, o al menos no dejaron constancia de que el atardecer les conmoviese de ninguna forma. «A la puesta de sol...», menciona Ruy de Clavijo en su embajada a Tamorlán... «Emprendiendo el viaje al final de la noche y viajando todo el día hasta la puesta del sol», señala Ibn Battuta; «el sol abrasador», registra Marco Polo. Para los viajeros prerrenacentistas, el sol ordena cabalgar o descabalgar, pero de ningún modo penetra en ellos, como no lo hará en los múltiples exploradores del XVI. Da igual Sarmiento de Gamboa que Orellana, Colón que Hernando de Soto, Magallanes que Cabot: ni ellos ni los cronistas de Indias se sienten concernidos por el despliegue de naranjas y ocres y como mucho hablan de haber sufrido «un sol recio durante toda la jornada». Ninguno parece concederse momentos de introspección a propósito de ellos, y solo de forma indirecta, desde luego por pura coincidencia horaria, el ánimo decae en un explorador con la caída del sol. Hablamos de la Noche Triste de Cortés.

Insiste Bernal Díaz del Castillo en la forma en la que los indígenas les preguntan a estos barbudos si venían «de donde salía el sol». Sabedores los españoles de que la profecía vaticinaba exactamente eso, Cortés se apresuraba a asegurárselo, y a interesarse, de una forma particularísima, por la dirección del atardecer, ya que, según sostiene Bernal, los autóctonos dijeron «que no tienen más oro que nos dar, que adelante hacia donde se pone el sol hay mucho». Ahí brotó la tristeza de Cortés en esta noche de 1520, según López de Gómara, pues paró el Capitán tras la pérdida de 350 españoles y huida de Tenochtitlán «a hacer duelo sobre los muertos y que vivos quedaban, y pensar y decir que la fortuna le daba con perder tantos amigos, tanto tesoro, tanto mando, tan grande ciudad y reino»; y que

> si esta cosa fuera de día, por ventura no murieran tantos ni hubiera tanto ruido; mas, como pasó de noche oscura y con niebla, fue de muchos gritos, llanto, alaridos y espanto, que los indios, como vencedores, voceaban victoria, invocaban sus

dioses, ultrajaban los caídos y mataban los que en pie se defendían. Los nuestros, como vencidos, maldecían.

Los viajes náuticos del siglo XVIII tampoco iban a suponer precisamente un derroche de emotividad narrativa. La razón es, precisamente, la Razón. O la irritante asepsia de la forma de actuar ilustrada. Porque paradójicamente el Siglo de las Luces no supo o no quiso deleitarse con la luz, salvo en sus aspectos ópticos y técnicos. La armada inglesa o francesa, comandada por avezados marinos, no sería sino una maquinaria guerrera y científica.

Por eso, pese a que el objeto inicial del viaje de James Cook en el Endeavour fuera el de observar el paso de Venus por delante del sol para determinar la distancia desde la Tierra a este, el diario de a bordo jamás se demora en apreciaciones de valor sobre los fenómenos lumínicos: «Lunes 7. Poco viento, del sur, y sereno clima agradable. Al atardecer, la tierra más septentrional a la vista marcaba el norte 26 grados este».

Lo anterior no se veía especialmente favorecido por el hecho de que los días en el barco de Cook se contaban desde el mediodía hasta el mediodía siguiente, y no desde medianoche a medianoche. Por eso, en las entradas del diario, la tarde se ve sucedida por la mañana y no a la inversa. De cualquier modo, la observación final del evento, cuando por fin llegó, resultó tan carente de expresividad como cabía esperar:

Sábado 3. Este día resultó tan favorable a nuestro propósito como podíamos desear. No se vio una nube en todo el día, y el aire estaba perfectamente claro, de modo que teníamos todas las ventajas que podíamos desear al observar todo el paso del planeta Venus sobre el disco del sol. Vimos muy claramente una atmósfera o sombra oscura alrededor del cuerpo del planeta, que perturbó mucho los tiempos del Contacto. El Dr. Solander observó tan bien como el Sr. Green y yo mismo, y diferimos el uno del otro en la observación de los tiempos mucho más de lo que cabría esperar. El telescopio del Sr. Green y el mío tenían el mismo poder de aumento, pero el del Doctor era mayor que el nuestro....

De ese modo tan apasionante continúa la entrada. Para fortuna nuestra, todo estaba a punto de cambiar.

Si bien hemos citado el poder hipnótico que la bahía napolitana tuvo para Claude, hay que decir que en eso no fue nada singular. Los viajeros del Grand Tour serán los primeros del siglo que, anticipando el *Sturm und Drang*, o plenamente embebidos de la corriente, recorrerán en carruajes destartalados las millas necesarias para apreciar una puesta de sol, precisamente en Nápoles, sobre cuyos crepúsculos ninguno escatimó páginas desaforadas. Habida cuenta de que el viaje ayudaba a desarrollar una formación estética, en estos viajeros encontraremos a los primeros devoradores de belleza *avant la lettre*, y la confirmación de que solo quien mira con unos ojos artísticamente educados, quienes han bañado sus pupilas en los deleites del mármol, son capaces de comprender el fenómeno en su plenitud.

Una nueva generación de turistas y exploradores poblaría el siglo XIX y principios del XX, y, aunque las estantiguas de la Royal Geographical Society (Stanley, Burton y tantos otros) dan sensación, a la luz de los testimonios de su vivencia, de volver a apreciar los paisajes con la frialdad del comerciante de caucho, es casi seguro que su mirada ya estaba condicionada con una sensibilidad cercana a la actual. Darwin, por ejemplo, recuerda «puestas de sol espléndidas» desde el Beagle. Y es algo que puede apreciarse también en las páginas que nos han dejado algunos «viajeros de la arena», como Freya Stark («Seguramente, de todas las maravillas del mundo, el horizonte es la más grande») o Lawrence de Arabia, al que el atardecer, hora tanto del descanso como de las escaramuzas, jamás deja impasible, y que nos depara en sus memorias pasajes como estos:

> ... Era mediodía; y el sol del mediodía en Oriente, al igual que la luz de la luna, adormece los colores.

> ... Estaba anocheciendo y, sobre la recta cadena del Sinaí que tenía enfrente, el sol poniente aparecía en su ocaso, con su esfera brillando extravagantemente ante mis ojos, porque yo me hallaba mortalmente cansado de mi vida, y añoraba como nunca antes los lánguidos cielos de Inglaterra. Aquel atardecer era feroz, estimulante, bárbaro; revivía los colores del desierto como en un boceto —como de hecho hacía cada atardecer, renovando el milagro de su fuerza y su calor—, mientras mi melancolía iba hacia los débiles fríos y las grises nieblas, donde el mundo no resultaba tan cristalinamente claro, tan definidamente bueno o malo.

Aunque los hombres más audaces de la exploración ártica volverían a una parquedad narrativa lamentable, suponiendo los arrebatadores paisajes por los que transitaron, la corriente de revaloración de la luz y los colores del sol poniente parecerán asentarse entre las mentes más clarividentes de todos los husmeadores de mundos de la primera mitad del siglo pasado. Vernon Lee, perfecta encarnación de lo anterior, nos hace sentir una y otra vez sus atardeceres romanos. Así describe, por ejemplo, San Lorenzo Extramuros, en Roma:

> Debemos imaginar la antigüedad clásica llena de este maravilloso color rubio de los mármoles; arreglos de lila más pálido, verde, amarillo rosado y un brillo blanco. Colores como los que vemos en el agua al atardecer, inefables.

O el Palazzo Orsini:

> Esta es la casa más romana, en mi sentido, de toda Roma. La primera noche, cuando entré en mi habitación, la puesta de sol entrando a raudales, las luces comenzando abajo, fue fantástico y abrumador. Lo que dije de que este es un momento único en la historia de Roma, el genio de la ciudad despojada de todos los velos, visible en todas partes, es especialmente cierto sobre la vista desde esta ventana.

No muchos años después de estas postradas tardes italianas de Vernon Lee, otra mujer, Alexandra David Neel, entraba en Lhasa tras dos mil kilómetros a pie disfrazada de mendigo y aprovechando una tormenta de arena; se convirtió así en la primera mujer occidental en conseguirlo. David Neel tuvo una vida (o varias) que desde luego desborda estas páginas, pero que hace de ella la gran himalayista de la

Historia, y que permite afirmar que es la viajera que más cerca ha estado del cielo en todos los sentidos. Innumerables atardeceres en altitudes superiores a los cuatro mil metros poblaron sus recuerdos. ¿Qué pensaría de los que pudo ver en su casa de la Provenza en sus últimos días? ¿Fue la pálida comparación con aquellos lo que la movió a renovar el pasaporte a los 100 años para volver al camino del cielo?

Hacia el sol se movieron también sobre las páginas y sobre la realidad Phileas Fogg y Nellie Bly, esta última tratando de emular su hazaña. Ambos, atardecer tras atardecer, haciendo que los días se redujesen, ganando veinticuatro horas al tiempo con respecto al reloj de la sala del Reform Club el uno, del de su editor Joseph Pulitzer la otra.

LOS PUEBLOS DE LAS LUCES

El crepúsculo matutino del comienzo de nuestra historia fue el anochecer de alguna previa que nunca se escribirá.

D. H. LAWRENCE, *Atardeceres etruscos*

«Estamos iniciando el descenso al aeropuerto de Roma Fiumicino», indica la megafonía del avión. Es entonces el momento de asomarse a la ventanilla de la izquierda para ver que, apenas se adentra la nave sobre el espacio terrestre, los costurones de un gran campo de ruinas junto a la desembocadura del Tíber descubren el emplazamiento del antiguo puerto romano de Ostia, construido por los tarquinios. Coincidiendo con la llegada al poder de Claudio (emperador político de Roma), Ostia ya estaba corroído por la colmatación de los sedimentos del río, de modo que se decidió construir un nuevo complejo un poco más arriba, en Portus, creando unas nuevas ensenadas de mayor calado, más acordes al crecimiento comercial que Roma experimentaba. Un puerto por el que entraron mercancías ordinarias, pero también productos lujosos de todos los confines del Imperio, ideas, y sobre todo viajeros. Pero también aquel puerto sería comido por la tierra, y sus largas dársenas, al batirse el mar en retirada, llegaron a convertirse en murallas en campo abierto en las guerras de los siglos posteriores. Ambos, el puerto antiguo y el nuevo, quedan hoy a cuatro kilómetros del mar, pues así de caprichosa es la tierra laciana, aunque es en Ostia, metamorfoseado, reimaginado y barnizado con las últimas luces de la tarde, donde Claudio (emperador artístico de Roma, dieciséis siglos después) sitúa el *Embarque en Ostia de Santa Paula romana*, que cuelga en el Museo Nacional del Prado.

En el año 385, Santa Paula, viuda romana investida de la dignidad de las grandes matronas, dejó a cuatro de sus cinco hijos y partió hacia Tierra Santa para fundar la orden jeronomita. Para conformar el espacio de esta despedida, y sugerir la grandeza del mundo antiguo, Claude imaginó las arquitecturas de mayor tamaño que había concebido hasta entonces, elevándose aéreas muy por encima de las líneas mareales, con una plenitud que impresiona y acoge. Se sirvió también de los faros de Génova, de Nápoles, de torres *sforzescas*, insertando incluso una Villa Medici distorsionada. Los tratadistas arquitectónicos como Vignola se advierten por todas partes. La respetable mujer se prepara para partir y avanza imperial (casi puede apreciarse la parsimonia de su paso) en un escenario como jamás se ha visto. Pequeñas conchas jalonan el camino. Fardos en los botes tambaleantes, hombres colgando de las jarcias, gentes de actitud incierta en las lejanas balaustradas, y un mendigo recostado que la llama desde lejos, asisten a su camino hacia la barca. Y, por supuesto, el disco solar invisible en el horizonte como punto de fuga. Y, entre todo ello, un descomunal árbol (no puede evitarlo, realmente no puede evitarlo).

El cuadro, que después iluminaría con molesta luz de flexo Dalí en su particular versión, es una muestra de la forma en que Claude fue capaz de mezclar lo religioso y lo pagano mediante la inserción de sus anécdotas en un marco que ambos mundos podían compartir: el de los bosques y los puertos cuajados de luz del atardecer. Claude consigue ese sincretismo solo a través de sus pinceles, del mismo modo en que cada año el nacimiento del invicto dios del sol —y por ende de Saturno— se hizo coincidir por edicto del cristianismo con la Navidad para que el nacimiento de Cristo fuese celebrado en las mismas fechas sin solución de continuidad por el pueblo.

Y es que el solsticio de invierno operó como un patrón fundamental en la Roma republicana y protoimperial. En el cuadro de Claude, los edificios parecen estar a las órdenes de la luz poniente (aunque nada en las actuales ruinas de Ostia permite pensar en un enclave de esta magnificencia), y ello lleva a recordar que, según investigaciones recientes, el solsticio de invierno condicionó la orientación y la construcción de numerosos edificios, monumentos públicos e incluso ciudades enteras de la era augustea, precisamente en relación con esas celebraciones ya citadas y para promover la identificación del propio Augusto (y, por tanto, de la propia Roma) con el dios Apolo.

En realidad, esta idea de la orientación de las construcciones en función de la salida o la puesta del sol atraviesa todo el mundo antiguo.

Para las culturas ancestrales, era importante, en relación tanto con el ciclo de las cosechas como de ritos e invocaciones a todo tipo de divinidades, determinar los puntos exactos de salida y puesta de sol, y, con ello, comprender mejor el avance de las temporadas de buen o mal tiempo y ganar así capacidad de predicción. Por eso, se dio comienzo a la astronomía de posición mediante la fabricación primero de alineaciones rudimentarias formadas por menhires y, más tarde, de complejas construcciones megalíticas en forma circular como es el caso de Stonehenge, o en forma de corredor como el dolmen de Viera en Antequera. Sabemos además que, mientras que los monumentos del Neolítico se orientaron al sol naciente (en el más rígido sentido de la palabra *orientar*, por cierto), los de la Edad del Bronce ya empezaron a erigirse en relación con el atardecer.

En todo caso, se trata siempre de formas en las que las arquitecturas se incorporan en el paisaje circundante sin enturbiarlo.

Esta cosmovisión común se deja sentir también en numerosas culturas en el ámbito de la construcción de tumbas y espacios regios. Así, sabemos que las tumbas micénicas se disponían de tal forma que en momentos concretos a lo largo del año el sol pudiera cubrir el territorio de los muertos. Los santuarios se dirigían también hacia el atardecer. Por su parte, la cultura hermana de los minoicos puso el foco solar en el salón del trono de palacios como el de Cnossos o Festos, que se convirtieron en un teatro del sol, mientras que otros como el de Zakros se orientaron hacia la salida de la luna.

En el caso de Egipto, religión marcada por el sol hasta sus últimas consecuencias, todo cuanto se ubicaba entre el atardecer y el amanecer podía explicarse por el viaje de Ra, una divinidad fruto de la fusión de Horus, Khipriy y Atum, siendo Khipriy el dios del sol de la mañana, y Atum, el dios carnero del atardecer. Ra viaja por el cielo pertrechado de dos barcas: la Maandjet, barca del día, y la Masaktet, o barca de la noche. Con la caída de la luz, Ra se embarca en un viaje de doce horas que comenzaba introduciéndose en la boca de la diosa-cielo. Después, tras una noche entera luchando contra el caos en el interior de su cuerpo, renacía cada mañana, regenerado, y con capacidad de generar nueva vida a su vez. La fijación con el sol llegó al paroxismo con el reinado de Akenatón, literalmente «resplandor del sol» o «grato a Atón», un faraón del que como mínimo podemos presumir que era dificilito. Akenatón, esposo de Nefertiti, padre de Tutankamón, suprimió el culto a Ra para obligar al culto de una sola deidad: la de Atón, o dios del sol de la tarde, un culto al que gustosamente se hubiera prestado Claude. Los problemas derivados del atrevimiento de su revolución se centuplicaron cuando decidió, para ahorrar tiempo, personificar él mismo la representación del dios de la luz dorada (lo que volvía superfluos, por ejemplo, a los sacerdotes). Esto conllevó no solo la supresión iconográfica de toda imagen de otros dioses o personas, sino la profusión de retratos de su persona con el sol de fondo que haría palidecer el Instagram de una pareja de adolescentes.

La identificación de Dios con el sol sigue teniendo sentido para muchos aún hoy (las últimas palabras de Turner al morir fueron «el sol es Dios»), y eso debería ayudarnos a entender el interés que causó el inmenso sol con poderes caloríficos instalado por Olarfur Eliasson en la Tate Modern de Londres, que durante 2003 concitó la visita de verdaderas multitudes a su sala de turbinas para la escenificación de rituales de adoración que solo podríamos calificar de neopaganos. Desde luego, en la antigüedad esa identificación sol-Dios fue mucho más allá de los confines del valle del Nilo. Los hititas, por ejemplo, contaban con hasta dos deidades solares: el propio sol del cielo y la deidad femenina Arinna. Entre los babilonios, Shamash, el dios del sol, salía cada día de la gran montaña y abría las puertas del cielo. La Puerta del Sol del Titicaca o el Templo del Sol de Cuzco son solo otros dos de los centenares de ejemplos de deificación solar en las culturas precolombinas, y podríamos encontrar también una multitud de casos en África o entre los aborígenes australianos. Por su parte, Buda (cuyo culto siguen cuarenta millones de personas en «el país del sol naciente») se identificó también plenamente con el sol por sus seguidores (lo que nos hace pensar en «Yo soy la luz del mundo»).

Fue sabido por los griegos, después de la tentativa de Ícaro de acercarse al dios sol con las consecuencias ya conocidas, que Helios, el hermano de la luna y trasunto de Apolo, conducía su carro cada día para otorgar luz a los hombres porque, al igual que Ra con su barca, se precisa de un medio moderadamente rápido para recorrer la cara oculta del orbe. El carro del sol, que está presente también en las culturas védicas, sería también el causante de los diversos climas y aspectos de la tierra desde el día en que Faetón cogió las llaves a su padre para impresionar a unos amigos y salió a dar una vuelta sin carnet. Los caballos se desbocaron enseguida; su alejamiento de la tierra produjo las frías estepas y, cuando se acercó a ras de suelo demasiado, causó pavorosos incendios e incluso volvió negros (aunque no demasiado) a los etíopes. La intervención de Zeus en un control de carreteras dio al traste con el carro y con su descerebrado ocupante, ahogado en las aguas del Po.

Hay por último una cultura que, a decir de D. H. Lawrence, es casi molesta por no ser griega ni romana, y por estar en terreno de nadie, y que descabala la línea del tiempo. Los etruscos, para quienes la muerte no era un pesar, sino una agradable continuación de la vida, también contaban con dioses del sol y una querencia por la caída de la sombra. De hecho, junto a sus esplendorosas tumbas, una de las más maravillosas muestras que nos han legado es una pequeña figurilla votiva humana y filiforme que inspiraría al propio Giacometti. Se llama «la sombra del atardecer» (*L'ombra della sera*), aunque parece que el nombre le viene otorgado por D'Anunnzio, que al contemplarla evocó las largas y estrechas sombras que proyecta el ocaso. Ya sabemos que el atardecer siempre ha sido un cliché erudito para la poesía.

Al abandonar la ciudad de Parténope, Lorrain empieza una carrera que lo llevará a convertirse en un verdadero *uomo della sera*.

Tras las despedidas emocionadas de Wals, apenas en un día ya se encuentra llamando a la puerta de un nuevo protector del cual aprende a mezclar colores todavía con más destreza, pero al que sirve también como mozo de cocina (su formación como pastelero ayudará) y como limpiador de su caballo. Y, sin embargo (no se han logrado conocer las verdaderas causas), ese mismo año toma la decisión de volver a Lorena. Lo hace a través de Venecia y, al poco de su llegada a Nancy, un pariente le pone en contacto con Deruet, pintor de la corte y diseñador de las fiestas del duque de Lorena, del que de inmediato se convierte en asistente. El duque también le contrata para trabajos menores. Pero, en esos meses, cuando no han pasado dos años desde su llegada, y quizás a causa de una accidentada caída desde un andamio en la que casi se rompe el cuello, una fuerza abrasadora se está abriendo paso de nuevo en su interior: Italia.

Porque Italia llama siempre, y Claude abandonará Francia para no regresar. Aunque nunca la haya pintado, siempre la recordará con emocionado cariño. Y esa nostalgia anticipada le invade de camino a Marsella, sorteando saltadores de caminos, cuando le ataca una aguda fiebre que le obliga a refugiarse en un albergue. Maldiciendo su suerte, ve pasar enfermo las semanas en la cama de esa casa de postas mientras el dinero que ha preparado para Roma merma peligrosamente. Por si fuera poco, descubre que algún otro huésped le ha robado el resto de sus ahorros. Se encuentra por tanto sin dinero y en las orillas de Francia, sin posibilidad de coger ningún medio de transporte.

Casi de milagro consigue dar con un mercante al que había encontrado en el camino y que, de pasada, le había comentado su gusto por la pintura. Claude le ruega entonces que le encargue un cuadro, con cuya venta logra embarcarse con destino a Civitavecchia tras un viaje lleno de tormentas. Llega a Roma el Día de San Luca, patrón de los pintores, del año 1627.

Pronto trabaja por su cuenta elaborando pequeños paisajes de poco valor en una capital que era un absoluto torbellino de corrientes europeas y punto neurálgico del arte con poca discusión. En ese momento se cuentan casi mil loreneses como él en Roma, que hacen vida diferente a la del resto de franceses. Por su parte, él se deja ver con holandeses y flamencos en las cercanías de la plaza de España.

En la década de los treinta, a fuerza de talento, se va dando a conocer a las grandes familias romanas, como los Giustiniani. En una época en la que, teniendo a las familias, tenías a los cardenales y, teniendo a los cardenales, tenías al propio papa, no tarda, con la mediación de los encargos de su Eminencia Guido Bentivoglio, en ser conocido en la corte vaticana. Por suerte, Urbano VIII, que durante dos décadas tuvo que lidiar con la gran guerra europea, es un hombre con una inclinación natural hacia lo campestre y lo arcádico, humilde poeta pastoril, que se hizo rodear de artistas e historiadores. Contagiado por esa rusticidad, Claude, que entra entonces en la Academia de San Luca, comienza a frecuentar sistemáticamente el campo y a leer con fruición las *Metamorfosis*.

Mientras tanto, en España, el conde duque de Olivares ha decidido construir un palacio de recreo para el Rey Planeta, Felipe IV, enemigo de los atardeceres desde el momento en que, como le ocurría ya a su abuelo, en su reino jamás se pone el sol. A lo largo de la década de los treinta, y con la mediación del embajador español, el marqués de Castel-Rodrigo, se compran y comisionan casi mil cuadros para el nuevo palacio, y las tendencias artísticas de Olivares, que pasó su juventud en Roma, le llevan a pensar en pintores de esta órbita. Al holandés Both, a Poussin y a Claude les llueven los encargos. Concretamente, Claude empacará hacia España hasta ocho cuadros, embarque de Santa Paula incluido. Y porque su fama crece, y porque comienza a hablarse de un estilo «a la Lorenés» crecen también las trapacerías a su alrededor. Un buen día, un tipejo llamado Sebastian Bourdon visita a Claude, que le enseña un paisaje sin terminar. Mucha debía de ser la capacidad retentiva de este Bourdon, porque poco después logra vender un cuadro propio como si fuera un cuadro del Lorenés. Pero Claude aborrece, como hemos dicho, cualquier problema o enfrentamiento directo: su única y admirable forma de luchar contra la deshonestidad es la elaboración del que se dio en llamar *Liber Veritatis*, un cuaderno de 195 dibujos comenzado en 1635 en el que, con lápiz y acuarela (y a veces *gouache* blanco para recalcar la luz), Claude consigna todos y cada uno de sus cuadros hasta el momento. El libro se convierte en su mayor tesoro hasta el fin de sus días, y será a la vez su principal instrumento comercial. Con su gran sentido metódico, Claude apunta en cada dibujo a quién le había sido vendido o si aún espera comprador, de forma que este magnífico volumen sería siempre el testimonio de su verdad.

A mediados de los cuarenta, cambió el papa. Llegaba Inocencio X, tan poco amable como su retrato corrobora y más cercano en lo podrido de su ser al cuadro de Bacon que al de Velázquez, que por entonces se demora ya en Roma dos años, despreocupado por las llamadas para su vuelta inmediata que le llegan del rey de España. Inocencio no es amigo de artistas, pero sí de corruptelas de todo tipo. Sin embargo, Claude no deja de pintar. El propio sobrino del papa le hace numerosos encargos, al igual que los diplomáticos franceses, que comienzan a enojarse con los ocho meses de espera que ya eran necesarios para adquirir un Lorrain. El trabajo se le amontona.

LA LUZ QUE DUELE

❧

Ya la tarde declinaba.
En el lejano horizonte,
junto al picacho de un monte,
junto al picacho de un monte,
suave el sol se desmayaba.
CARLOS GARDEL, «Atardecer»

But I don't feel afraid
As long as I gaze on
Waterloo sunset
I am in Paradise.
THE KINKS, «Waterloo Sunset»

En una de sus acepciones, el ocaso es el final, es la decadencia, es el declive, la llegada de una alarmante oscuridad. Porque la noche, y así se les decía a los niños, no es amiga del hombre, y porque según el *Malleus Maleficarum*, un verdadero manual para la caza de brujas de 1487, con la llegada del atardecer crece la maldad. De hecho, todas las cartas de san Pablo aluden a la oscuridad como el origen del mal, y esa asociación está presente tanto en la *Noche oscura del alma* de san Juan de la Cruz como en la idea de Teresa de Ávila sobre el infierno, que, decía, se encontraba en la más terrible oscuridad (aunque ella misma reconocía como algo «llamativo» que, pese a la ausencia de luz en el infierno, se puedan ver «todas las cosas que causan aflicción»). Pese a ello, Ignacio de Loyola necesita la oscuridad total para abismarse en sus ejercicios espirituales. ¿Y es que no se oscurece la Tierra al morir Cristo? Hay desde luego un vínculo entre penumbra y abatimiento. «¡Luz, más luz!», pide Goethe al morir, y también lo exige el rey Claudio de *Hamlet* cuando la obra de teatro que se desarrolla ante él le hace padecer lacerantes tormentos de conciencia.

Tormentos como los de Macbeth, que igualmente se desarrollan en el curso de una noche...

Porque la afectación al ánimo causada por las tinieblas que se inauguran con el atardecer es algo real: la clase de luz mortecina tiene un impacto directo en áreas de nuestro cerebro ligadas con las emociones, y también los pájaros cantan de otra manera a la hora del fenómeno, un momento que recogen los Salmos 121:5-6, «el sol no te herirá de día, ni la luna de noche», y 65: 8, «Por eso los que moran en los confines de la tierra temen tus obras. Tú haces cantar de júbilo a la aurora y al ocaso». Por ello también se instaló la idea de que para ser feliz uno debe ser su propio sol o, dicho a coro con los Monty Python, *always look on the bright side of life*.

Probablemente, el hombre no hace bien en vivir a partir de ciertas latitudes. En las zonas en las que al menos un día al año no se experimenta ni puesta ni salida de sol, cuando noche y día se extienden 24 horas, la relación entre la locura, el suicidio y este fenómeno está bien documentada. Sea como sea, con la llegada del primer crepúsculo, el ánimo no se abate, pero desde luego sí que se predispone a una especie de atenuación y descenso de revoluciones, tanto en el hombre como en el mundo. «Acalla el crepúsculo todo sonido...», comienzan los *Gurrelieder* de

Schönberg y, de igual modo, la cuarta de las *Últimas cuatro canciones* de Richard Strauss, «Im Abendrot» («En el crepúsculo»), lo expresa con tal elegancia, tal dolorosísima sublimidad en la música y en la palabra que es dudoso que algún creador haya alcanzado nunca alguna vez una cima parecida:

> Entre medio de penas y alegrías
> hemos caminado mano a mano;
> de caminar descansemos
> ahora sobre la silenciosa tierra.
>
> Alrededor nuestro declinan los valles
> y el aire se oscurece ya,
> únicamente dos alondras alzan su vuelo,
> soñando en la atmósfera perfumada.
>
> Acércate y déjalas cantar;
> es ya el tiempo de dormir.
> No vayamos a perdernos
> en esta soledad.
>
> ¡Oh, amplia y silenciosa paz,
> tan profunda en el crepúsculo!
> ¡Qué cansados estamos de caminar!
> ¿Será esto acaso la muerte?

El atardecer en tanto espectáculo siempre estuvo reservado no tanto a una minoría ilustrada y sensible como a una minoría perteneciente a la clase ociosa. El gran cambio estriba, sin embargo, en que el fenómeno antes afectaba a todas las vidas, alzándose como el único portento del cosmos con capacidad de actuación profunda tanto a la vida cotidiana e íntima como a la vida social de las grandes civilizaciones, mientras que hoy ya no es así: el hombre se ha visto obligado a acompasar su actividad a la puesta del sol.

En el plano puramente doméstico, el atardecer fue seguramente el responsable de la costumbre de dividir el sueño en dos fases que ha identificado el historiador Roger Ekirch en miles de cartas, diarios, libros médicos, sentencias, obras de teatro y otros testimonios documentales.

La costumbre, aprovechada por las liturgias de rezo cristianas de la Regla de San Benito y reformulada por nuestra idea actual de siesta, parece hundir sus raíces varios siglos antes de Cristo, y desde luego no era privativa de Europa Occidental; de hecho, se han encontrado pruebas de ella en el lejano Oriente, Sudamérica y África.

Parece claro que hasta la llegada de la Revolución Industrial a finales del siglo XVIII el descanso general se dividía entre el primero y el segundo sueño. El primero de ellos, normalmente en comunidad, con familias enteras e incluso los invitados en la misma cama (con las hijas mayores lo más pegadas posible a la pared y alejadas de la puerta), llegaba con el atardecer y se extendía aproximadamente hasta las once de la noche. Le sucedía a este sueño una pequeña vigilia. En ella, se socializaba y llevaban a cabo tareas domésticas: como charlar junto a la rueca, dar de comer a los animales, remendar ropa, fornicar o asesinar. El segundo sueño empezaba a eso de la una y ya duraría hasta el amanecer, o aproximadamente hasta las seis de la mañana.

Estos patrones de sueño fragmentado, dependientes de la luz solar, y que pueden considerarse los propios del estado natural del hombre desde el Paleolítico, tocaron a su fin en los núcleos urbanos, mediante un proceso que empezó en los ambientes palaciegos.

A mediados del siglo XVII (aunque Serlio ya habla de montajes con atardeceres y amaneceres simulados), Luis XIV comenzó a diseñar fiestas y *ballets* que necesitaban de la oscuridad precisamente para poder presentarse a sí mismo como Rey Sol, como el integrante principal de obras en las que su presencia en medio de un gran despliegue de luces artificiales deslumbraría a toda la corte. La capacidad de iluminar la noche fue retrasando el arranque de las fiestas cortesanas, lo que enseguida se trasladó a las temporadas de ópera y teatrales que se desplegaban fuera del Palacio.

Esa nocturnalización provocada por la opulenta y aburrida vida regia y el retraso de la hora de las actuaciones se extendieron sobre las grandes ciudades europeas y atlánticas, confluyendo con dos revoluciones que se producían en paralelo: la instalación de servicios de iluminación urbanos (mediante farolas, candiles o lucernarios de todo tipo) y el propio crecimiento de las urbes. La iluminación de ciudades como Ámsterdam, Venecia, Lille, Viena, Hamburgo, París y Londres haría que se retrasase tanto la hora del toque de queda como el del cierre de las puertas de muralla. Por otra parte, estas ciudades no hubieran podido subsistir sin un verdadero ejército de trabajadores que a lo largo de la noche trasladaban todo tipo de mercancías y, sobre todo, comida para que los mercados del día siguiente estuvieran siempre abastecidos.

Lamentablemente, el atardecer quedaría aún asociado según concepto con un elemento urbano: las aberrantes «ciudades del atardecer». Desde los albores del siglo XVIII, en las colonias americanas se establecieron normas para que ningún negro permaneciese en la calle llegada cierta hora. Así lo expresaba esta ley de New Hampshire en 1714:

> Habiéndose comprobado que los sirvientes y esclavos indios, negros y mulatos a menudo provocan y cometen grandes desórdenes, insolencias y robos

durante la noche para inquietar y herir a los súbditos de Su Majestad, ningún indio, negro o mulato debe salir de casa después de las nueve.

Leyes de este tipo seguirían menudeando hasta los años sesenta del siglo XX, en las que se iba mucho más lejos: unas 15 000 ciudades decretaron que todos los trabajadores negros debían abandonar la ciudad al atardecer. A dónde fueran no era de la incumbencia de sus autoridades siempre que con la salida de la luna no quedase uno solo deambulando por la ciudad.

«La lechuza de Minerva levanta su vuelo al atardecer», anunció Hegel, para señalar que el segundo significado del término *ocaso* es real, que es innegable que todo se encorva y alcanza un grado de decrepitud. Incluso el más gallardo de los héroes asiste a su propio otoño, y entonces hablamos de «héroe crepuscular». Y son muchas las películas (estrenadas justamente en las cercanías de *Sunset Boulevard*) que han revisado con ojos empañados de añoranza a un protagonista que vivió tiempos mejores y al que ha vencido el desencanto.

Claude tuvo oportunidad de vivir una etapa con fijación por los temas heroicos (solo sobre Eneas haría seis cuadros), pero también su propio crepúsculo.

La demanda de su obra no hace más que aumentar en las décadas de los cincuenta y los sesenta, y esos encargos llegan desde lugares tan remotos como Dinamarca o Flandes (no le hubiera bastado una vida, se decía, para satisfacer a sus clientes). En 1650, Claude se muda a una casa de cuatro habitaciones en el piso superior y un gran estudio en la planta baja, no lejos de Poussin, con quien a veces frecuenta una taberna. Centrado en motivos más cercanos a lo mitológico que a lo religioso, su luz se va a tornar algo más fría. La muerte de Inocencio X le hace cambiar de nuevo de patrones al calor de la Corte de Alejandro VIII y sus poderosos sobrinos Chigi.

La plaga de 1656, por su parte, le provoca un pequeño quebranto económico. Pero, en 1659, acaece un hecho excepcional que de pronto ilumina su vida: Agnes, una niñita de padre y madre desconocidos, entra a vivir con él... También se acomoda en esos años en su casa para siempre su sobrino Jean, que, esperando heredar, se ocupa de todo de forma poco cuidadosa y le cura sin demasiado empeño cuando el pintor enferma en 1663. Claude no se fía demasiado de él, pero no logra evitar que en 1670 se le una otro sobrino, Joseph. De todas formas, Agnes le conforta ante cualquier problema: de las maledicencias que sostienen que se ha vuelto vago, de la dolorosa gota que le postra en cama una y otra vez, con el *Liber Veritatis* siempre bajo la almohada, de su propia constatación de que cada vez puede trabajar menos horas. Y eso que nuevos papas (Clemente IX y Clemente X) renuevan entonces la afición por él que siempre tuvieron en Roma las personas de buen gusto. Porque todos ven lo mismo en su obra: un pasado de esplendor fijado en el tiempo entre brumas anaranjadas, que ya nunca volverá.

Los días y los meses son viajeros de la eternidad, y al menos durante unas décadas nosotros también lo somos, aunque no llegamos a ninguna parte. La llama de la tarde, sin embargo, prende cada día, a la vista o detrás de las nubes, evocando con su carácter conclusivo y recapitulador el morir diario de Ra.

Es esa y no otra la sensación que trata de describir Bowles en *El cielo protector* abrumado por los colores del Sahara:

—La puesta del sol es una hora tan triste —dijo al cabo de un rato—. Si veo el final de un día, cualquier día, siempre siento que es el final de toda una época. ¡Y el otoño! Bien podría ser el final de todo, dijo. Por eso odio los países fríos y amo los cálidos, donde no hay invierno, y cuando llega la noche sientes una apertura de la vida allí, en lugar de un cierre. ¿No sientes eso?

Definitivamente, los fuegos lejanos evocan para nosotros otros más cercanos, y entre estos dos fuegos puede hallarse la explicación para aquello que nos sucede en presencia del ocaso.

Hay un fuego del hogar, hay una lumbre de la caverna, y hay otra llamarada indomeñable y remota, que tampoco puede tocarse. El primero de ellos invita al descanso, sugiere confort. El segundo de ellos también evoca sosiego, pero en un plano más trascendente, casi metafísico. Los dos comparten, sin embargo, algo: los dos son movimiento, apuntan al deseo de cambio y transmutación. De hecho, ellos mismos mutan a cada segundo y con su voracidad provocan el cambio en las cosas que abrasan. Bachelard sostenía que alguna parte de nuestro inconsciente se siente llamado a arrojarse a la pira de Dido (porque consumirse en una llama, ser amado y amar es la misma cosa) para que en nosotros se opere una transfiguración, purificarnos y renacer mejores al otro lado, en un proceso de transmutación inequívocamente alquímico. «¡Moriré para vivir!», es la frase final del texto de la segunda sinfonía de Mahler, *Resurrección*. Por eso, cada atardecer es un renacer, y esa es la clave de su capacidad de embelesamiento general y extendida.

Sin embargo, aunque la vertiente estética del atardecer prevalezca, y en no pocas ocasiones acudamos expresamente a su observación como parte de una experiencia turística más extensa, aunque sepamos que verlo es algo que nos colma y que disfrutamos, semana tras semana vivimos de espaldas a los significados últimos de esos fuegos del horizonte, y relegamos la experiencia a momentos puntuales del año, no solo porque normalmente nuestros horarios y la configuración física de nuestras casas y los lugares de trabajo lo impiden, sino muy especialmente porque hoy el tránsito del día a la noche no significa, a nuestros efectos, nada. La noche cae, y ello normalmente no nos concede ni clarividencia ni el despertar de reminiscencias sublimes: pensamos en la cena, en la mezquindad de nuestro compañero de la oficina, o en que debemos sacar al perro al llegar. La conversación en los bares, la jornada de trabajo o el viaje de autobús continúan sin más mientras el sol se esconde sin testigos. Pero por encima de ese disculpable olvido diario nuestro, persiste la faceta meramente visual del fenómeno, alojada ya en el cerebro como un lugar común y una postal manoseada, la del sol poniente como un fuego dominado que inspira bienestar y es fotografiable. Y solamente esta parte subsistente es tan poderosa como para hacer aun hoy del atardecer una experiencia compartida de forma universal, que se va a buscar de forma explícita. Porque es una representación que, aunque tenga lugar al aire libre y se trate de algo a lo que solamos asistir acompañados, parece generar un espacio cerrado e íntimo para cada uno de nosotros en su contemplación, un espacio en el que armonizamos con el sol, da igual quiénes seamos, en un asunto silencioso entre nosotros y él, un momento en el que le permitimos y nos permitimos avivar rescoldos atávicos en nuestro interior que nunca se hacen presentes a lo largo de los días de nuestra sobrestimulada vida cotidiana.

Esta ceremonia visual está por encima de la psicología del gusto, y casi más allá de lo estético, y ante ella nuestra respuesta emocional, si es que conscientemente hemos decidido asistir a ella, es siempre la misma que ante las obras de arte más hermosas. Porque, al igual que los cuadros o construcciones que más nos conmueven, tiene el poder de activar automáticamente nuestra asociación entre lo bello y lo bueno, como una promesa de vida feliz. Una felicidad que llegará para nosotros si no hoy, probablemente al día siguiente, cuando la claqueta del sol de mañana al salir marque una siguiente toma.

Todo lo anterior hace de ella la más vieja y oxidada atracción en el actual parque temático mundial de las impresiones paisajísticas, con influjo y capacidad de conmover durante unos segundos a Claude, a Bécquer, a Baudelaire... o a James o Gyeong-Hui, turistas de paso. Porque lo nuestro es pasar, pero el milagro sigue y seguirá hasta que el sol absorba a la Tierra dentro de 5500 millones de años. No hagan planes para ese día.

Claude también ocupará un pequeño espacio del tiempo como viajero de la eternidad. En 1681, les escribió a sus parientes de Chamagne comunicando un solo deseo: el de morir en paz. Él, que no pintaba la realidad sino el sueño de su luz, con quien en los últimos años era siempre agradable hablar, murió al caer la tarde el 23 de noviembre de 1682. Sus sobrinos hicieron tallar este epitafio en su tumba de Santa Trinitá del Monte.

> A Claude Gellée Lorraine, nacido en Chamagne, el destacable pintor que representó maravillosamente los rayos del sol saliente y poniente sobre el paisaje, y que en esta ciudad donde practicó su arte ganó el mayor respeto entre los grandes.

Tras la invasión napoleónica de 1798, su tumba se mueve a San Luis de los Franceses. Y empieza entonces la posteridad. La obra de Claude servirá incluso para diseñar nuevos paisajes, y en Inglaterra sus cuadros serán finalmente manuales de jardinería pintoresca. Es de hecho en Inglaterra donde se encuentra hoy la mayor parte de su producción, cuando un renovado furor por su figura aquejó a los viajeros ingleses que llegaban a Roma.

Con el cierre de su mirada, todas las luces del mundo se atenúan perceptiblemente. Las luces que Goethe, Juan Ramón, Turner, Constable o Monet persiguieron en vida no fueron al final tan huidizas como pensaban. Todos ellos murieron creyendo que no habían llegado a atraparlas, cuando lo cierto es que lograron encerrarlas de tal modo dentro de sí que, con su muerte, toda la naturaleza se apagó un poco.

Miradlos. Están aplaudiendo el final del espectáculo. Son la metáfora de una metáfora. Aplauden multitudes y multitudes de personas en las cornisas de la tierra. En miradores de hotel en los Alpes, frente a la isla de Es Vedrá, en restaurantes de Cádiz, en el cabo Sounion y en el de San Vicente, en lo alto del Rockefeller Center y en el Café del Mar.

Y ya no es más que una línea, ahora es un punto naranja, ahora ya no es nada.

Cae el telón del mundo. ¿Saldrá el autor a saludar?

DEFINITIVAMENTE, LOS FUEGOS LEJANOS EVOCAN
PARA NOSOTROS OTROS MÁS CERCANOS, Y ENTRE
ESTOS DOS FUEGOS PUEDE HALLARSE LA EXPLICACIÓN
PARA AQUELLO QUE NOS SUCEDE EN PRESENCIA DEL
OCASO. HAY UN FUEGO DEL HOGAR, HAY UNA LUMBRE
DE LA CAVERNA, Y HAY OTRA LLAMARADA INDOME-
ÑABLE Y REMOTA, QUE TAMPOCO PUEDE TOCARSE.

DANIEL MUÑOZ DE JULIÁN

Casa Aurora, Venecia 2019 - Weimar 2022

CUADERNOS DE HORIZONTE